BIG ENGLISH STARTER

T0346070

Contents

Welcome to class!

1 Listen and match.

2 Count and write. Say.

3 Draw and write how old you are. Say.

4 Listen and colour.

1 2 3 4

5 Listen and ✓ or ✗.

1 2 3 4

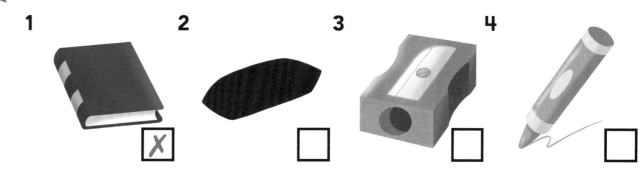

X □ □ □

6 Complete and say.

1 2 3

unit 1 My Family

 1 Listen and circle.

1 a  b    2 a  b

3 a  b    4 a  b

2 Match and say.

1

2

3

4

3 Look and number. Sing. ♪

a  ☐

b  ☐

c  1

d  ☐

THINK BIG **Who's missing? Draw and say.**

Story

4 **Number in order. Tell the story.**

a

b

c

d

1

5 Listen and colour.

1

2

3

4

5

6

1:29

6 Listen and number.

a

b

c

d

1

7 Draw and say.

Listen and ✓ or ✗.

1

✓

2

3

4

THINK BIG **Look and match.**

1

a

b

c

9 Look and draw. Say.

1 a

✗

b

2 a

✗

b

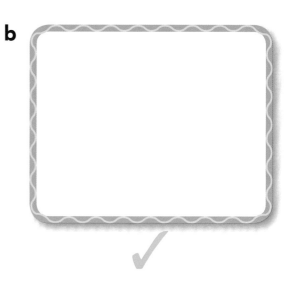

✓

3 a

✗

b

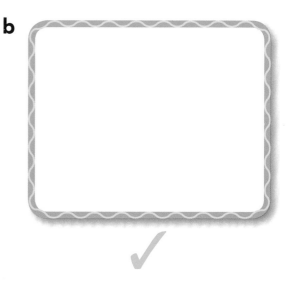

✓

10 Look and match.

11 Circle the odd one out. Say.

1

2

3

4

12 Listen and ✓.

1 a   b

☐   ✓

2 a   b

☐   ☐

3 a   b

☐   ☐

4 a   b

☐   ☐

Happy Birthday!

 1 Listen, find and colour.

1

2

3

4

2 Complete and say.

1

2

3

4

Listen and number in order. Sing.

a

b

c

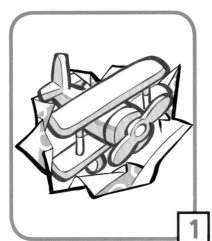

1

d

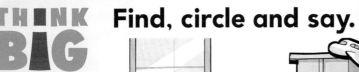 **Find, circle and say.**

Story

4 Look, match and say.

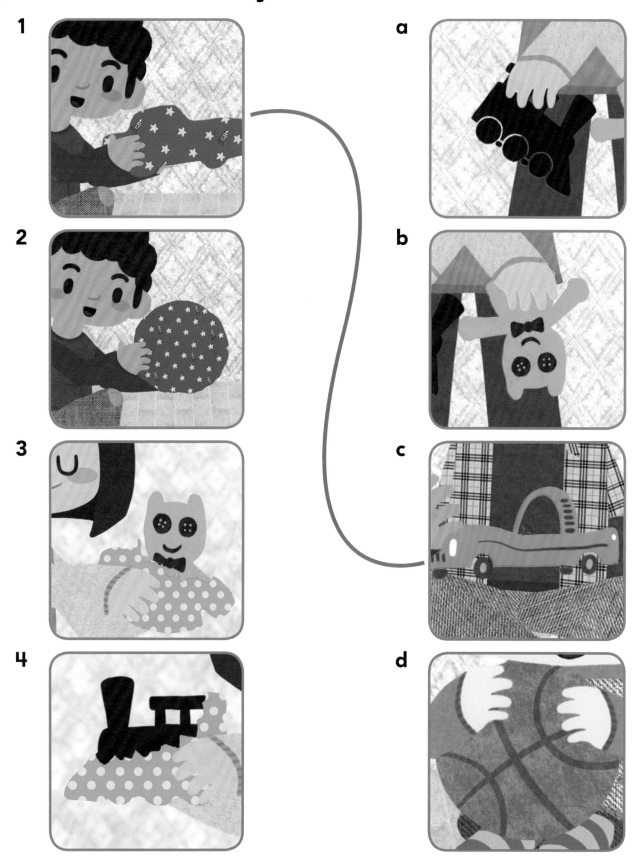

5 **Listen and ✓.**

1

a	b
	✓

2

a	b

3

a	b

4

a	b

6 **Find, colour and say.**

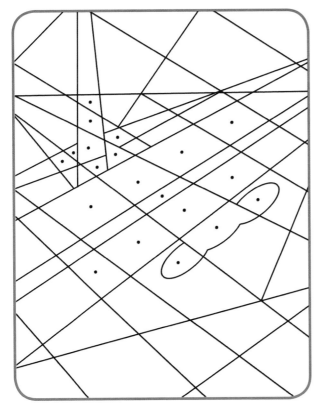

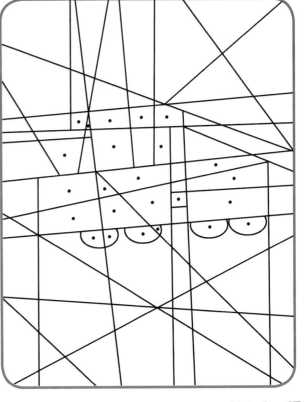

1:51

7 Listen and ✓.

1				✓
2				
3				
4				

8 Find, match and say.

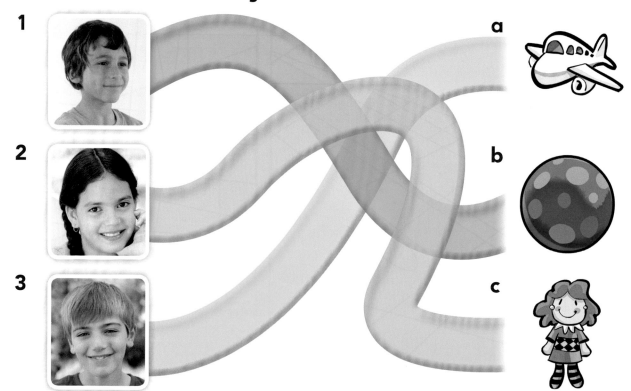

1

2

3

a

b

c

1:55

9 **Listen and number.**

a

1

b

c

d

TH∎NK B∎G **Look, match and say.**

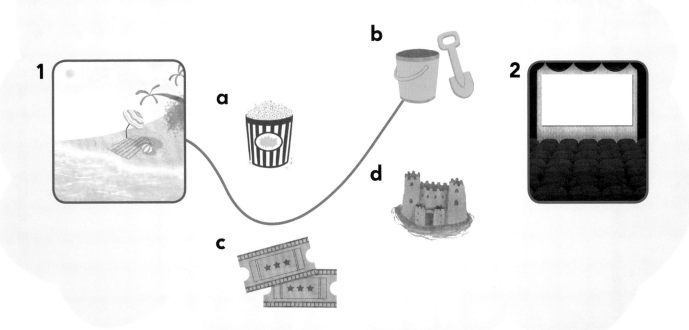

1

a

b

2

c

d

Listen and match. Say.

1 2

a

b

11 **Draw and say.**

⑫ Find and colour. Say.

13 Look and draw. Say.

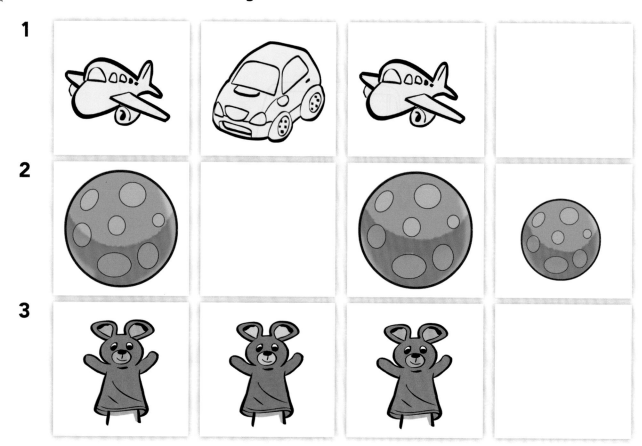

14 Count and draw. Say.

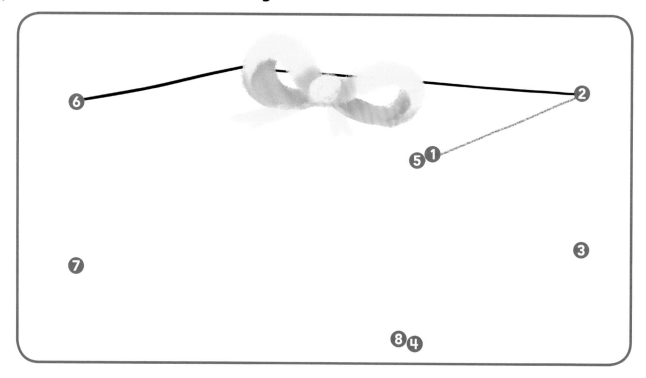

1:65

15 Listen and ✓.

1 a

b ✓

2 a

b

3 a

b

4 a

b

unit 3 I like cake!

1 Listen and number.

a

b [ ]

c [ ]

d [1]

2 Match and say.

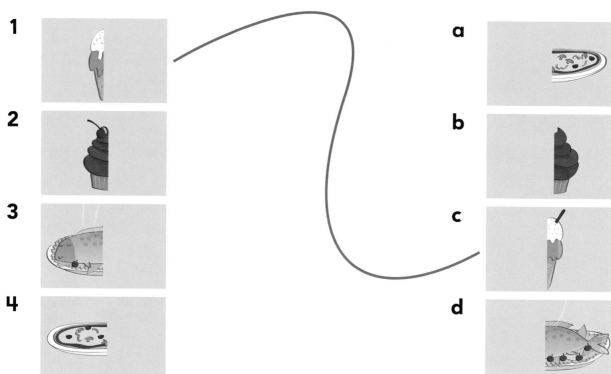

1

2

3

4

a

b

c

d

 Listen and circle. Sing. 🎵

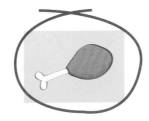  

THINK BIG Look and ✗ the odd one out.

1

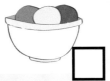 ☐ 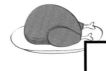 ☐   ☐

2

 ☐   ☐   ☐

4 Number in order. Tell the story.

a

b

c

d

5 Listen and match.

1:76

1:78
6 **Listen and draw.**

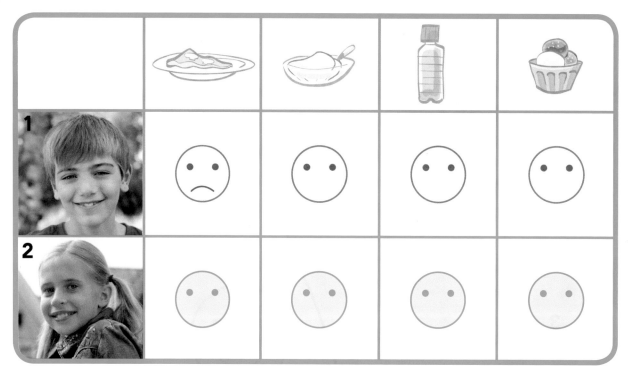

7 **Look and ✓ or ✗ for you. Say.**

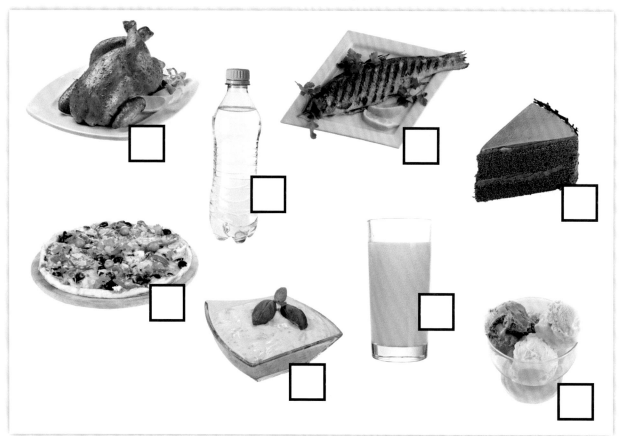

8 **Look and colour. Say.**

THINK BIG **Look, match and say.**

Listen and number.

a

b

c

10 Draw and say.

X

✓

11 **Look and match.**

12 Colour and find.

1

2

3

4

Listen and ✓ or ✗.

1

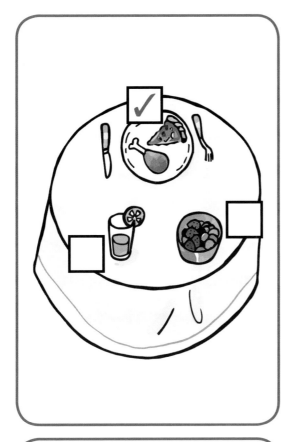

2

3

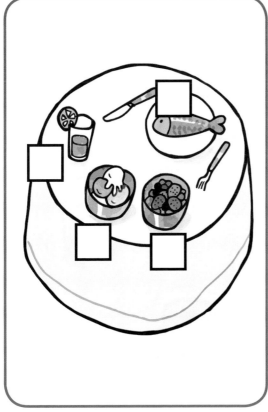

4

Think Big

 Listen and number.

2 Who's missing? Look, draw and say.

 **Listen and colour.**

1 a  **b** 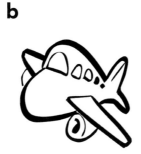 **2 a**  **b**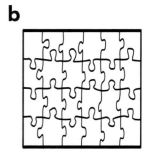

3 a  **b**  **4 a**  **b**

4 **Look and match for you.**

unit 4 My Body

1 Listen and number.

2 Complete and say.

Listen and draw. Sing.

1

2

3

THINK BIG **Count and write. Say.**

4 Listen and number.

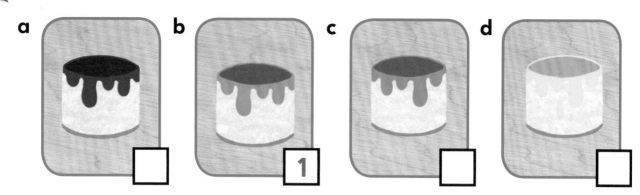

a b c d

5 Look at 4 and colour. Say 2 differences from the story.

2:16
6 Listen and circle.

1 a    b

2 a    b

3 a    b

4 a    b

7 Listen and ✓.

1 a    b 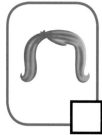   2 a 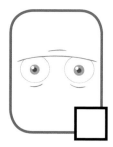   b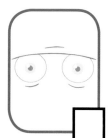

3 a 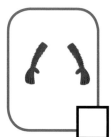   b 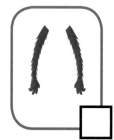   4 a    b

8 Look at 7. Draw, colour and say.

9 Listen and ✓ or ✗.

1

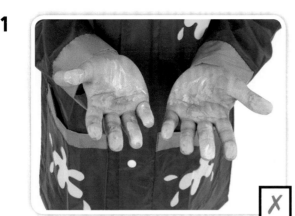

✗

2

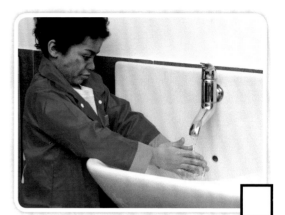

3

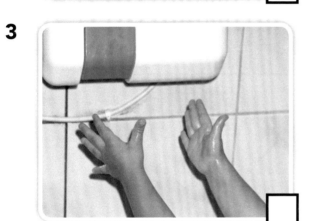

4

THINK BIG Look and draw ☺ or ☹.

1

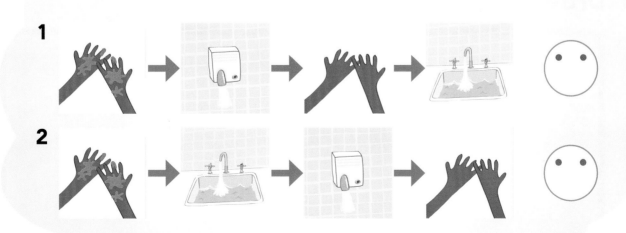

2

10 **Count and draw. Say.**

1
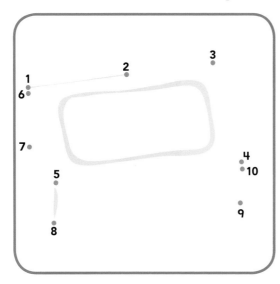

2
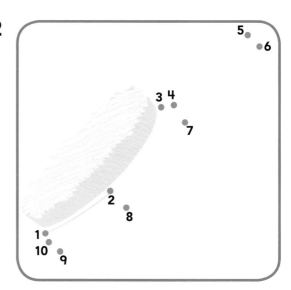

3
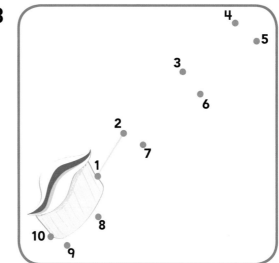

11 **Draw and say.**

12 **Find and colour. Say.**

13 **Look and circle the odd one out.**

1

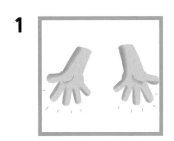

2

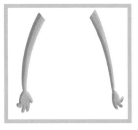

3

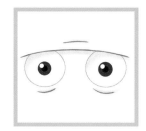

14 **Draw and say.**

15 **Listen and match.**

2:28

 **1**

 **2**

 **3**

 **4**

 **5**

 **6**

a

b

c

d

e

f

Around Town

1 Listen and ✓.

1 a    b  ✓

2 a    b

3 a    b

4 a    b

2 Match and say.

1

2

3

a

b

c

Listen and number in order. Sing.

THINK BIG **Look and draw. Say.**

4 Number in order. Tell the story.

a

b

c

d

2:39
5 **Listen and draw.**

1

2

3

4

6 Listen and number.

		1		

7 Draw and say.

8 **Complete and say.**

1

2

3

4

TH■NK B■G **Look and ✓ or ✗.**

1

2

3

9 Look and circle. Say.

1

2

3

4

10 **Look and match.**

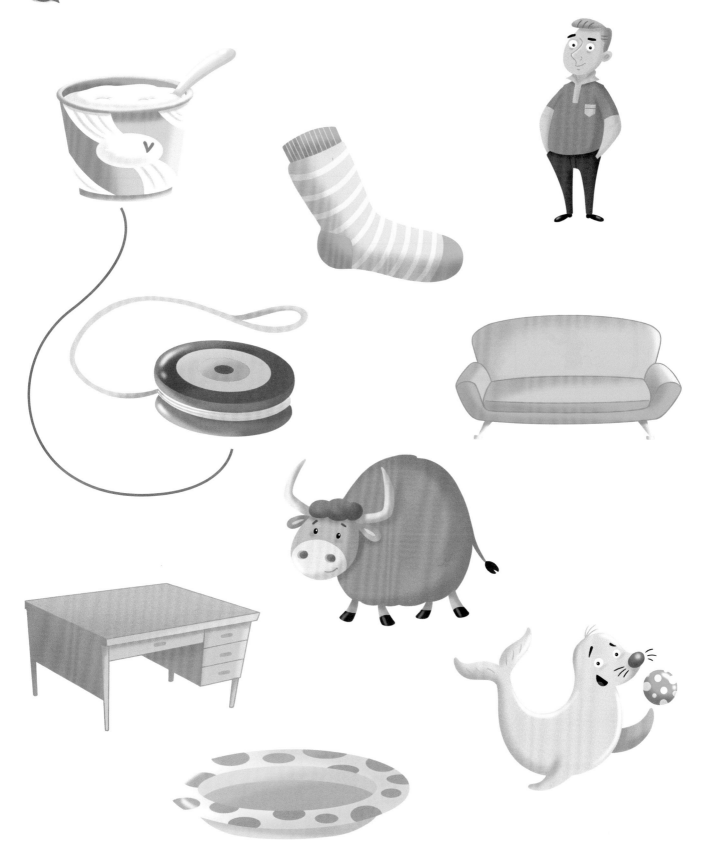

11 ## Look. Match and say.

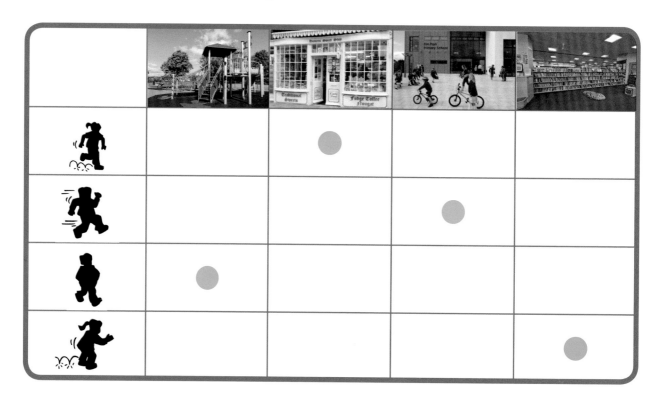

Listen and circle.

1

a   b   c   d

2

a   b   c   d

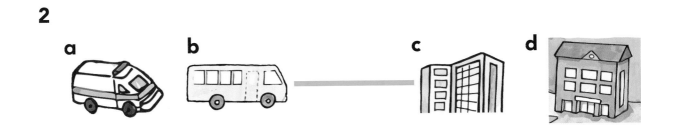

3

a   b   c   d

4

a   b   c   d

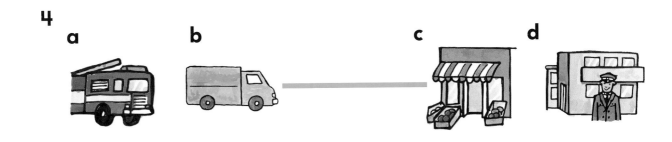

She's swinging on the swings!

1 Listen and colour.

a

b
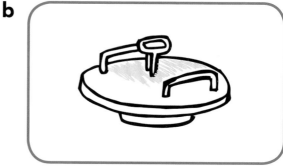

c

d
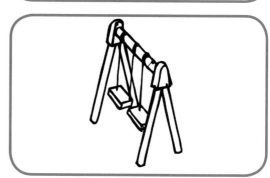

2 Complete and say.

1

2

3

4

3 Look and match. Listen, number and sing.

a   b   c   d

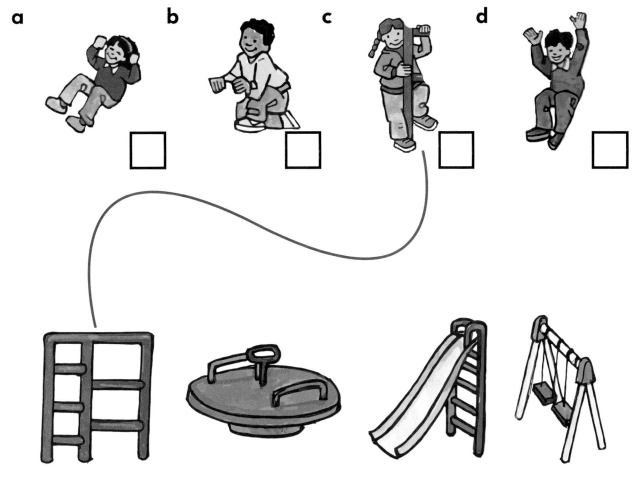

THINK BIG Look and number. Say.

1   2   3

a   b   c

    1

4 Look and match. Say.

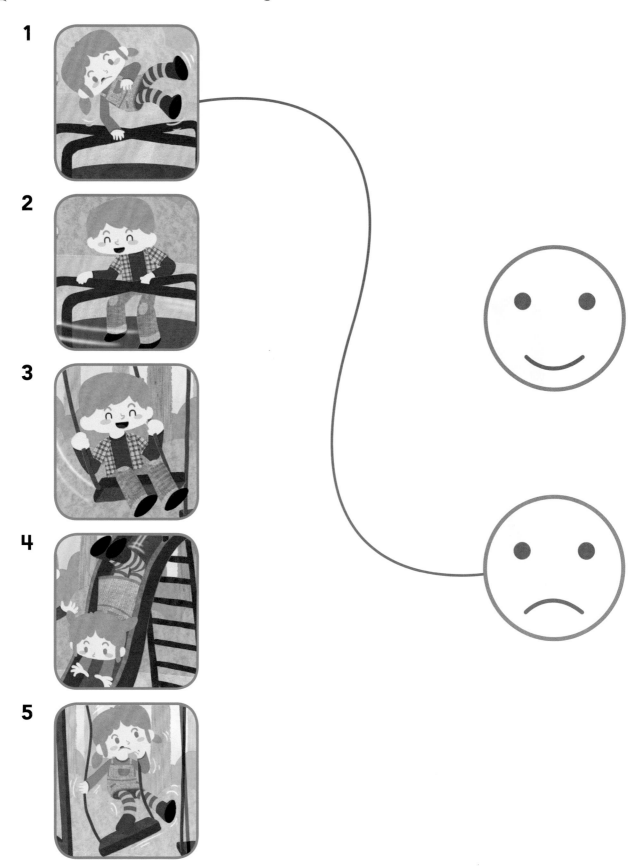

1
2
3
4
5

5 **Listen and number.**

6 **Draw and say.**

7 Listen and ✓ or ✗.

1

✗

2

3

4

5

6

8 **Number in order. Say.**

a

b

1

c

d

THINK BIG **Look and draw.**

1

2

9 Look and match. Say.

1

2

3

4

10 Find and colour. Say.

11 **Look and draw. Say.**

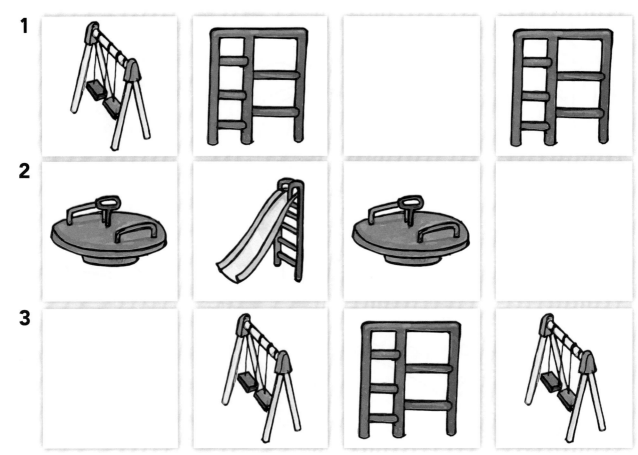

12 **Look and ✓ or ✗. Say.**

Listen and circle.

1 a    b

2 a    b

3 a    b

4 a    b

5 a    b

6 a    b

Think Big

1 Listen and number.

2 Look and draw. Say.

1

2

3 **Listen and match.**

1   2   3   4

a   b   c   d

4 **Look and ✓. Draw and say.**

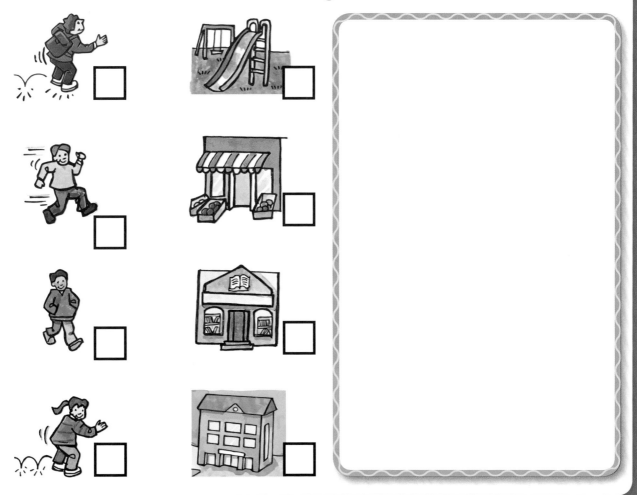

unit 7 It's sunny!

🎧 3:03
1 Listen and match.

1 2 3 4 5

6 7 8 9 10

Listen and draw. Sing.

1

2

3

4

THINK BIG **Look and circle. Say.**

1

a
b

2

a
b

Story

3 **Number in order. Tell the story.**

a

b

c

1

1

d

4 Listen and ✓ or ✗.

1

2

✓

3

4

5

6

3:13

5 Listen and number. Say.

a

b

c

d — 1

❄️ ☐   🌧️ ☐   ☀️ ☐   ☁️ 1

6 What are you wearing? Colour and say.

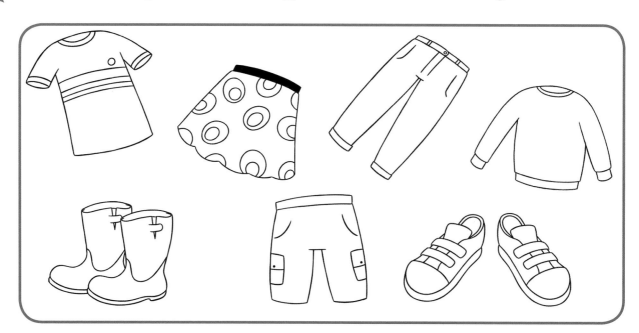

7 **Look and colour. Say.**

1   2   3   4   5

THINK BIG Look and match.

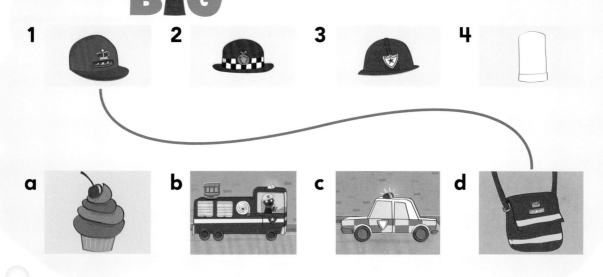

1   2   3   4

a   b   c   d

8 Listen and number.

a   b   c

9 Look and draw. Say.

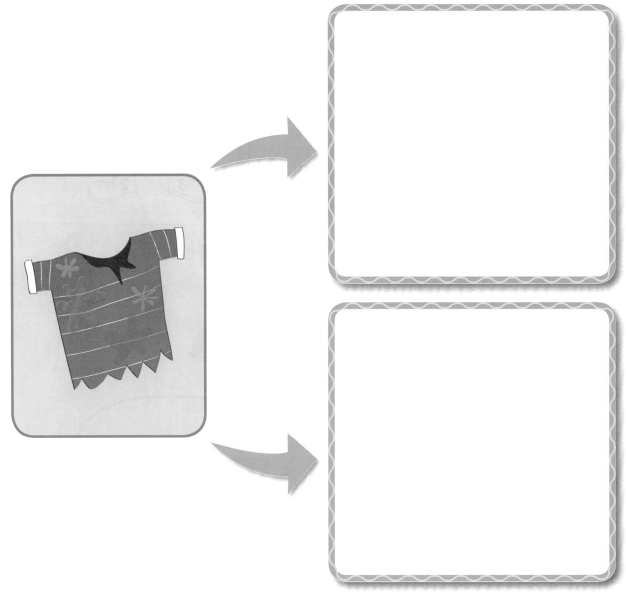

10 **Look and match.**

11 **Circle the odd one out. Say.**

1

2

3

4

3:24

(12) Listen and match.

1

2

3

4

5

6

a

b

c

d

e
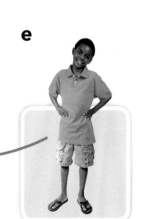

f

My House

1 Listen and number.

a

b  1

c

d

e

f

g

h

Look, listen and draw. Sing.

THINK BIG **Look and ✓. Say.**

 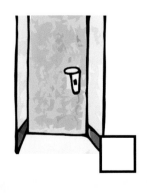 

3 **Match and say.**

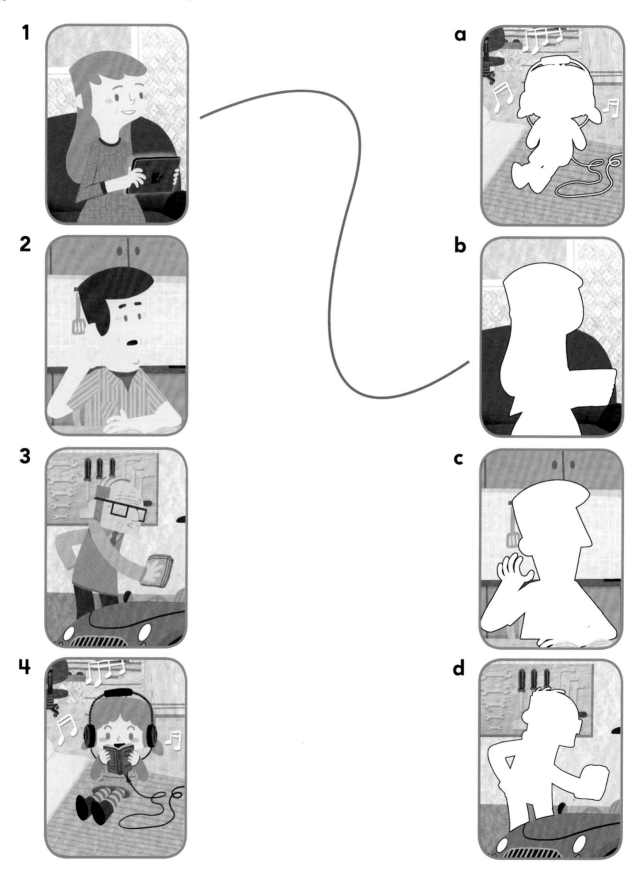

4 Listen and ✓ or ✗.

3:35

1  ✓

2

3

4

5

6

5 Listen and ✓.

6 Draw and say.

7 **Look and number. Say.**

1  2 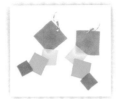 3  4

a

b

c

1

d

TH NK BIG **Circle the odd one out. Say.**

8 Look and circle.

9 **Find and colour. Say.**

10 **Complete and draw. Say.**

Listen and ✓.

1 a  ✓   **b**

2 a    **b**

3 a    **b**

4 a    **b**

5 a    **b**

A fish can swim!

1 Listen and follow.

2 Count and dray. Say.

1

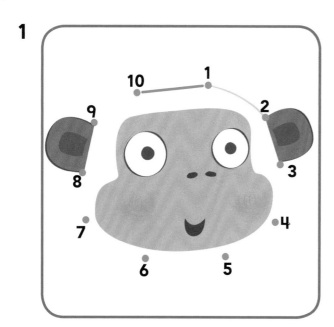

2

Listen and number in order. Sing.

THINK BIG **Look and draw. Say.**

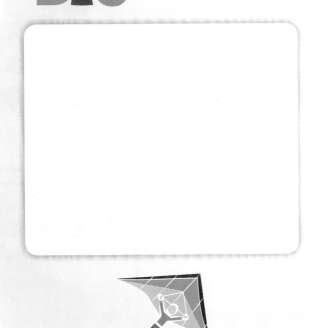

4 Match and say.

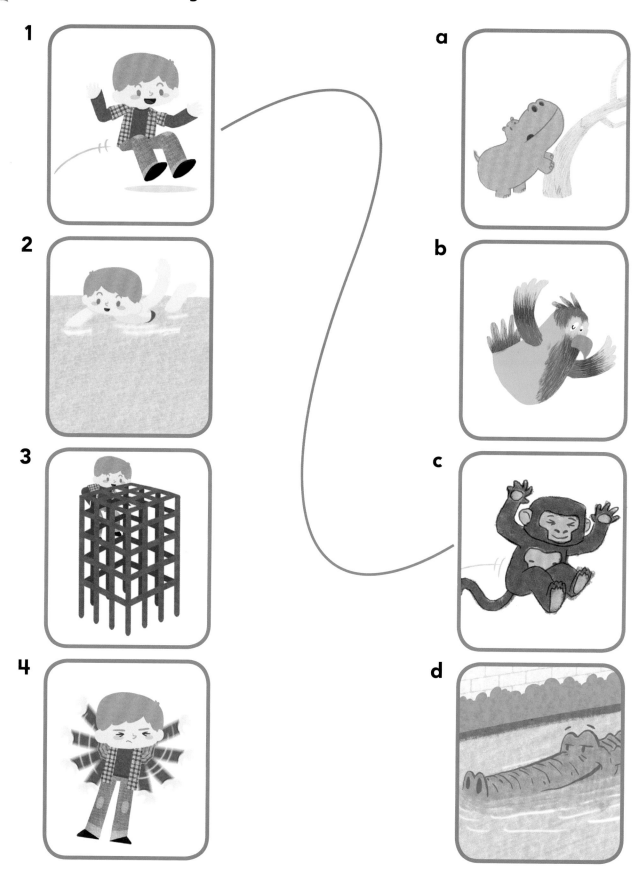

1

2

3

4

a

b

c

d

5 Look and ✓ or ✗. Listen and check.

3:55

1

2

3

4

5

6

6 3:57 **Listen and circle.**

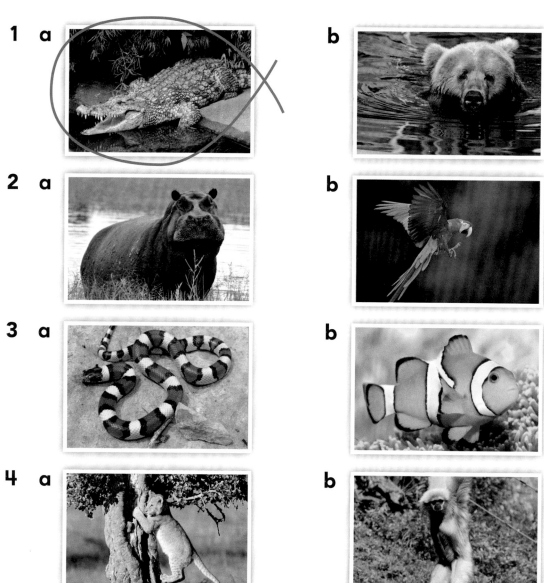

1 a   b

2 a   b

3 a   b

4 a   b

7 **Look and ✓ or ✗ for you. Say.**

8 **Look and draw. Say.**

1

2

3

4

THINK BIG **Look and ✓. Say.**

9 Look and match. Say.

1

2

3

4

10 Look and match. Say.

11 **Look and ✓. Draw.**

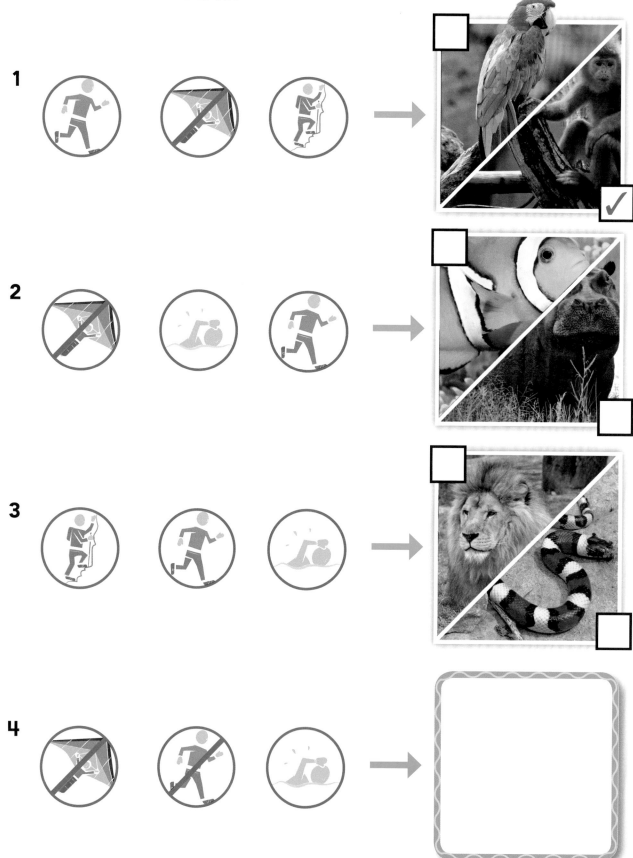

3:66

12 Listen and ✓.

1 a  ✓

b

2 b

b

3 a

b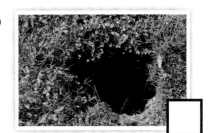

4 a

b

5 a

b

6 a

b

Think Big

 Listen and number.

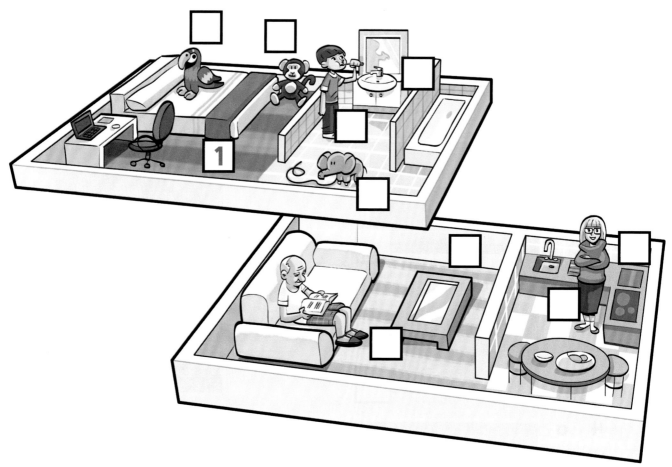

2 Look and draw. Say.

1

2

3

3 **Listen and ✓.**

1			✓	
2				
3				
4				

4 **Match and draw. Say.**

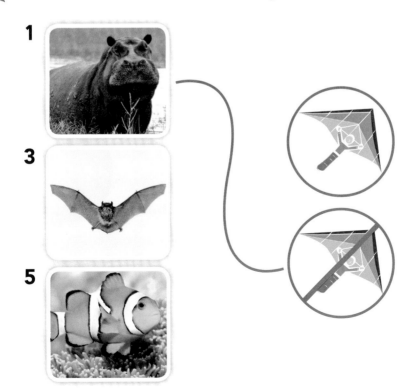

1

3

5

2

4

6

Picture Dictionary

Unit 1   Stick and say.

Unit 2   Stick and say.

Unit 3   Stick and say.

Unit 4   Stick and say.

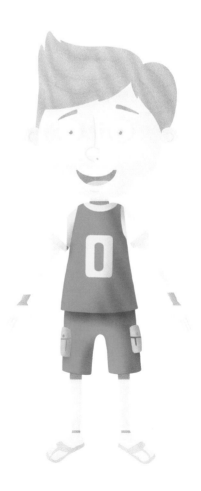

Unit 5   Stick and say.

Unit 6   Stick and say.

Unit 7 Stick and say.

Unit 8 Stick and say.

Unit 9 Stick and say.

Unit 1, page 100

Unit 2, page 100

Unit 3, page 101

Unit 4, page 101

Unit 5, page 102

Unit 6, page 102

Unit 7, page 103

Unit 8, page 104

Unit 9, page 104